Musvågevingen

20 salmer om jordskælv, død og nyt liv

Merete Bandak

Musvågevingen

20 salmer om jordskælv, død og nyt liv

Musvågevingen, 20 salmer om jordskælv, død og nyt liv 2023, BoD
- 5. bog i serien 'Salmer på vej'

© Merete Bandak 2023
Sat med skriften Bookman Old Style
Forlag: BoD – Books on Demand, Hellerup, Danmark
Tryk: BoD – Books on Demand, Norderstedt, Tyskland
ISBN: 9788743049227

Kan vi holde til at se døden i øjnene? Vi bliver ikke spurgt.
Døden findes. At besmykke den, fortrænge den, kalde den
med andre navne, kan være tillokkende. Men det mildner
den ikke. Ophæver den ikke.
Langsom død. Jordskælvsdød. For tidlig og for sen død.
Før- og eftersorg. Frygt.
Kan man tage tyren ved hornene? Kan man tæmme den,
blive ven med den? Det kræver mod at se døden i øjnene.
Det kræver også mod at leve.
Findes der sprækker i døden? Er den virkelig
uigenkaldelig, absolut? Kan døden være 'en undergang i
håbets tegn hvor det der smuldrer, trækkes, forskydes,
samles, formes om, indtil det genopvækkes?
Lad os læse, se, synge og leve …

1. Som græs, som græs
menneskets dage
Dage der gik kommer ikke tilbage
Mindet består
år efter år
det vil vi værne som roser i vår

Til trøst, til trøst
Jesus du kommer
møder din ven og gør vinter til sommer
Broer der brast
skønt vi holdt fast
byg dem igen, Gud, og gør det i hast

Forbind, forbind
alle der sørger
søger og savner et svar når de spørger
Klap deres kind
varm deres sind
ånd dem på panden med paradisvind

Som græs, som græs
menneskets dage
dage med glæde og dage med plage
Evighedstræ
Falder på knæ
under din krone, beskærm og giv læ
2021

Jordskælvssalme

2. Bær os når alting vakler
bygninger styrter i grus
Værn dine mindste stakler
Byg os et sikkert hus

Find os blandt stål og skærver
Red os med varsom hånd
Plej vores slidte nerver
ømt i en moders ånd

Giv os et modigt hjerte
her i den yderste nød
Del vores kamp og smerte
styrk os med vin og brød

Vær vores håb og flamme
kærligheds varmende bål
ældgamle egestamme
lov os vi når i mål

Vis os at vi står sammen
ensomheds nat er forbi
Svar os med ja og amen
Nyn os din melodi

2023

3. Mød mig med omsorg og åben favn
jeg er en flygtning på oprørte have
Bag mig er ufred og friske grave
forude: Venter en venlig havn?

Bagved os synker det kendte land
glæde og latter og hverdagsrutiner
brødre, forældre og små kusiner
sommer og solvarmet badevand

Rundtom er løsrevne bibelord
rester af hverdag, fragmenter af latter
rædselsvisioner som ingen fatter
undergangsstrømme og smerte stor

Bjærg mig, ja ræk mig en redningskrans
flettet af mildhed og blomster fra marken
Und mig et hvil på en bænk i parken
sorgen har brug for en stille dans

Ånd på mit øje, giv hjertet fred
du som var fremmed og flygtning i verden
Kristus, min makker på pilgrimsfærden
du er mit håb til min sol går ned

2015

4. Når døden holder mig i hånd
og fører mig en vej jeg nødigt går
da ber jeg: Styrk mit hjerte, Helligånd
og dæmp min angst og frygt
så jeg kan vandre trygt
i land jeg ikke kender og forstår

Jeg ber om nåde: Styrk min tro
og smelt mit frosne hjertes stramme bånd
så jeg kan vandre over dødens bro
i stille forårsregn
mod himlens stjerneegn
med Jesus ved min side, hånd i hånd

Du finder vej med sikker fod
er ængsteliges Gud og følgesvend
du snubler ikke over nogen rod
men deler af dit mod
Så hør mig, vær så god:
Forlad mig ikke hvor vi end skal hen

Du sprængte dødens fængselsport
og lysets børn tog fangedragten af
Der findes ikke nogen nat så sort
at ikke 'Verdens lys'
i mørkets kældergys
kan skabe liv af døde påskedag

Jeg frygter dog den smalle bro
men husker ordet: I skal bli som børn
Du spør vist ikke efter kæmpetro
men holder blot min hånd
så giv mig livets ånd
og bær mig på din vinge, Himlens Ørn

2023

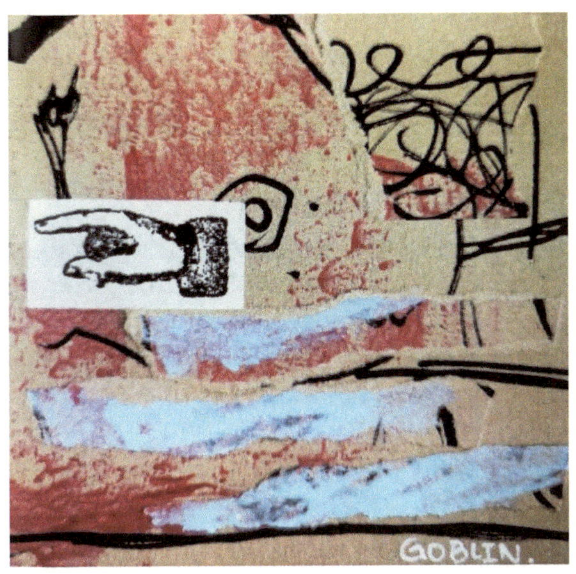

Susannes salme

5. Gud, du ser mit hjertes ruiner
alt hvad der vakled er væltet i grus
Onde masker, munde der griner
alt er forvirring, et frygteligt hus
Huset her var bygget på sand
Hvor er der vej til åbent land

Jeg står helt alene i verden
savner familie, savner en ven
svigtet, helt alene med smerten
Hvor skal jeg kalde og vende mig hen
Huset her var bygget på sand
Hvor er der vej til åbent land

Det var slemt, og nu er det værre
jeg ligger lænket i fortidens bånd
Hvis du findes, tidernes Herre
så må du komme og gribe min hånd
Huset her var bygget på sand
Hvor er der vej til åbent land

Du blev også svigtet af venner
Jesus, du kender fortabthedens gru
fanget, dødsdømt, hånet af fjender
Red mig fra undergangsrædselen nu
Huset her var bygget på sand
Du er min vej til åbent land

2021

6. Bred din brune musvågevinge
over min smertes plettede æg
Åbn din kåbe
tegn mig et hjerte på din himmelblå væg

Lad din klokke klinge og lokke
ringe og rokke livsmodet frem
Ryst mig og trøst mig
hør, Gud, må himmeldøren godt stå på klem?

Vær min høne, værn mig og put mig
under dit brysts beskyttende dun
og lad mig vågne
trøstet til lyden af din himmelbasun

Amen, amen, amen.

2016

7. Hvor smerteligt at se og trist
det lysegrønne bøgeblad
på stien bar
så fint og sart og lille
Det skulle sidde højt på kvist
og vifte frisk og forårsglad
mod himlen klar
og ikke ligge stille

At miste i den første vår
det spæde liv der var på vej
det grønne håb
vi trykked ømt til barmen
er, hvor vi sidder, hvor vi går
et tab, en sorg så bleg og fej
et uhørt råb
Hvem bærer os på armen?

At være svigtet og forladt
det piner mig, det martrer dig
at være glemt
forsømte og alene
Som blinde i den mørke nat
kun hører for at finde vej
en tone stemt
til skræk som en sirene

Det lysegrønne blad der faldt
er ikke glemt så lidt som du
for det der var
skal vækkes, endt er klagen
For hvad vi ser er ikke alt
Gud griber ind og i ét nu
blir natten klar
og stråler lys som dagen

Og hvad der faldt skal rejses op
ved påskemorgens dynamik
fra død til liv
fra håbløshed til varme
til glæde i hver frossen krop
til dans og sang og god musik
til tidsfordriv
i Jesu frelserarme

                                      2020

8. Gud, for at være ærlig
dagen i dag er en dårlig gave
Det som var før er forbi
bogen er hårdt smækket i
nu skal jeg lære igen at stave
Gud, er du stadig kærlig?

Åbn dit døve øre
himlen er grumset og grå og lukket
færdig med bønner og råb
Hvor er der håb om et håb?
Solen er svag, den er næsten slukket
Gud, kan du stadig høre?

Nu er det tid at sørge
den som du gav os er ikke mere
borte det elskede navn
Intet kan fylde det savn
Er der en grund til at eksistere?
Nu er det tid at spørge

Hvem er en sølle stakkel?
Den der må slippe sin livshistorie
opgi at finde et svar
kravle på jorden helt bar
Kom mig til hjælp uden guddomsglorie
Kom, vær mit livs mirakel

2017

9. Smerte uden navn
er som skib uden havn
er som dragen i blæsten uden snor
Smerte uden navn
søger svar, spør om gavn
er som barnet der længes efter mor

Smerte uden navn
finder fred i Guds favn
når den vugges til hvile af Guds hånd
Han der ikke spør
hvad er nu, hvad var før
puster tryghed på panden med sin ånd

Lad din parasol
give læ, være skjold
lad mig bo, Gud, i dine vingers ly
Sig at du er min
Gud, og sig jeg er din
at for dig, Gud, er smerten ikke ny

Kys min smerte væk
se min frygt og min skræk
den er tung som en kuffert, løft den af
Giv mig lette sko
lad mig leve og bo
i din nærhed og tryghed denne dag

2020

10. Vand mit hjerte med skærtorsdagstårer
Stænk det med langfredags røde blod
Lad din smerte fylde mine årer
Se, mit hjerte ligger for din fod
Se, mit hjerte ligger for din fod

Find mit hjerte tag det op og vug det
Kom, træd ud af nattens mørke hul
Jesus, lad mit hjerte elske, luk det
ind i freden mer end frydefuld
ind i freden mer end frydefuld

Lad mit genopstandne elskerhjerte
anerkende menneskers forlis
tage lod og del og lindre smerte
sprede duft af fred fra paradis
sprede duft af fred fra paradis

2021

11. Vejen går vi alle ene
mærker hjertets pumpeslag
Dog går ingen helt alene
over, under, for og bag –
gennem trængsler mange hånde –
bærer os Gud Faders ånde

2012

12. At du går med i sorgen
ad mørke gange, skjulte spor
og trøster mig hver morgen
med himmellys på jord
det bærer mig i dødens knibe
Du er den hånd jeg mærker kærligt gribe

Jeg ser min kraft forsvinde
men ved at jeg får kraft på ny
og snart skal se og finde
en evig hellig by
Dér skal jeg sidde med ved bordet
og tale tillidsfuldt med Skaberordet

Jeg gruer for at miste
så mind mig om at du går med
og tjek min bønneliste
og svar med kærlighed
Tag hånd om dem jeg snart forlader
Det ber jeg om, min gode Gud og Fader

Jeg kender hyrdens stemme
og følger ham i nød og lyst
og selv om jeg sku glemme
går det mod livets kyst
Min Jesus valgte korsets smerte
Nu bærer han sit lam tæt ved sit hjerte

Og farer findes ikke:
Du tvinger ulven med din stav
Og jeg skal ikke ligge
men danse på min grav
med slægt og venner alle dage
Det blir en tak og glæde uden mage
2021

13.Det blad som ormen trækker ned i jorden til behandling
vil gennem tarmens mørke tragt få del i en forvandling
En undergang i håbets tegn hvor det der smuldrer,
trækkes
forskydes, samles, formes om indtil det genopvækkes

En mikroskopisk implosion, et mørkegemt mirakel
en nattehilsen neongrøn, en skøn sankthansormfakkel
Det blad der vissenbrunt og dødt blev sænket ned i graven
skal møde ham der skabte os og kender os til marven

skal møde Kristus og den kraft der virked påskemorgen
skal møde kærlighedens blik der knuser hjertesorgen
Hvert kistelåg skal brydes op, al aske spredt på havet
hver sjæl i tusind slægters led der ellers var begravet

skal vækkes ved trompetens klang og sfærernes fanfarer
skal høre englesang og ord der alting åbenbarer
skal nå sit væsens sande mål ved Helligåndens gave
og hilses varmt af Jesus selv i Paradisets Have

Det blir hvad intet øje så og ingen tanke fatter
at møde kærlighedens Gud og lytte til hans latter
der genopretter alt i glans, det mindste til det største
erfare det var sandt: 'Jeg er den sidste og den første'

Et evigt genoprettet liv, perpetuum mobile
Forventning og opfyldelse i ét i Gud i hvile
Lad aldrig håbet dø af tvivl, lad alle håbet kende
Giv tro og håb og kærlighed til denne verdens ende

2021

14. Mod til at tåle og vente
Rolig i vished om højere rente

Gud tæller ikke i dage
Gud trækker ikke sit løfte tilbage

Alle der beder skal gives
Reddes i døden og ægte oplives

Sorgfulde går vi til graven
Levende møder vi Jesus i haven

Styrk os med glæde i sorgen
Duften af liljerne påskedagsmorgen

Hør os, her vandrer vi sammen
Svar os med fred og med glæde, amen
2021

15. Tænk at vide de mange frø
der ligger skjulte i mulden
er ikke døde skal ikke dø
de samler kræfter i kulden
Det er en ventetid underfuld
der sker mirakler i dybet
I jorden gærer det gemte guld
i ormelandet blandt krybet

Som i maj blænder solen op
og det begynder at knitre
Der kommer liv i den tørre krop
og der skal snart sprænges gitre
Der høres banken på kistelåg
og nu står ører på stilke
Der blades frem i den gyldne bog
med sider tynde som silke

Bælter spændes og løfter gror
der kaldes ivrigt fra himlen
En musling viser sin perlemor
en sand opstandelsesvrimlen
For kister åbnes der råbes: Lyt!
og alle kender den stemme
der siger: Se, jeg gør alting nyt!
Nu kommer døden i klemme!

Det er sket, her er livets vand!
her springer kilden til glæde!
Det siger han som er Gud og mand
Nu er det slut med at græde
Her lyser lammet en evig fred
og alle danser på liljer
og sol og måne går aldrig ned
Her er kun kærlighedsviljer

Det er drømmen, en evig maj
med raps og blomstrende hække
En dag hvor alle kan finde vej
med sol og pludrende bække
hvor alle vender den anden kind
til en der nægter at standse
hvor svalen sødt kvidrer sommer ind
mens myg begynder at danse

Lad det ske! Lad det være sandt!
At ingen mere skal sørge
At du vil dele det liv du vandt
med os der vedblir at spørge
At vi skal mødes i kærlighed
med dem vi tabte i svinget
Åh lad det ske, skænk os alle fred
i evighed ubetinget

2021

Christian Svendsens salme

16. Kære Gud og trofaste far i himlen
Jeg ber dig se min mund, min hånd, min arm
Ja, sygdomsramt jeg ber dig, Gud, forbarm
dig over mig, et knækket siv, en synder
en sang der ender før den ret begynder
Kære Gud og trofaste far i himlen

Kære Gud og trofaste far i himlen
Nu synger jeg på allersidste vers
For mig kom denne sygdom rent på tværs
for vi har børn, familieliv og venner
dog ske din vilje selv om livet ender
Kære Gud og trofaste far i himlen

Kære Gud og trofaste far i himlen
Jeg bøjer mig med Job og gir dig ret
Jeg ved som han det sømmer sig så slet
at diskutere retfærd med sin skaber
Da vil man stå som inkarneret taber
Kære Gud og trofaste far i himlen

Kære Gud og trofaste far i himlen
Jeg tror at natten nok skal blive dag
og ved at når min hud er skrællet af
så skal jeg skue dig, dig skal jeg skue
og da skal ingen djævel mere true
Kære Gud og trofaste far i himlen

Kære Gud og trofaste far i himlen
Nu er det tid, jeg rækker dig min hånd
og ber nu, Jesus, fyld mig med din ånd
og før mig kærligt ind i evigheden
med tak til Gud for hele herligheden
Kære Gud og trofaste far i himlen

2021

17. At slippe sit greb, at være et frø
der bæres af sted af vinden
At høre et ord om ikke at dø
At mærke et kys på kinden
At svæve med rødderne dybt i jord
At synge i hjerternes englekor
At hvile i grønne enge

At tælle til tre og høre en lyd
af skovlen der skraber gruset
At kende et sted med ublandet fryd
At læse sit navn på kruset
At rejse, at sejle mod fredens havn
At vide sig ventet med åben favn
At holde sin ven i hånden

At læne sig tryg tilbage i tro
At bæres på ørnevinger
på vej mod det hjem jeg venter at bo
i glæde med dødens betvinger
Med vinden i håret og ånden i bryst
jeg ser at vi nærmer os evigheds kyst
Her er jeg, min frelser og glæde

2021

18. Bladets brune gamle hud
spændes stadig strammere ud
på det spinkle gitter
Knitrer svagt som pergament
underligt som bladet er vendt
duften sød og bitter

Fader, Søn og gode Ånd
Kraften i den knoklede hånd
Alderdoms rollator
Parasol og paraply
alt det gamle kan du forny
Dødens transformator

Bog og agern samler kraft
drikker lydløst skovbundens saft
dirrende af længsel
Under i demente sind:
træer vokser i himlen ind
spkænger tidens fængsel

Engle om Gud faders stol
Indstil himmerigs parabol
Fang de små signaler:
jubel til vor frelsers pris
Der bliver glæde i paradis
salmesangsfraktaler

2013

19. Tøvende i tåge
søgende et spor, en låge
i et landskab uden varder
Kastes lyset altid blindt tilbage?

Findes melodien
finder den der søger, stien
findes stien, findes målet
finder foden mos og bløde tuer?

Søgende skal finde
vandrende på vej skal vinde
lyttende skal se og høre
Hjertet slår - en rytme fra vor Skaber

Melodien findes
universet sammenbindes
Kærligheden er det største
er det sidste og det allerførste

Gå med åbne hænder
knyt dem aldrig så det brænder
Og om alt i verden truer
træd på kærlighedens bløde tuer

Ingen går alene
Og når torn og slåengrene
flænger huden, bliver du båret
Jesus kendte til at være såret

Stærkere end døden
skønnere end morgenrøden
får vi brød og vin i koppen
kærlighed fra livets Gud i kroppen

'Gå med fred og glæde'
siger Gud og er til stede
i os, om os. Melodien
er han, sangen, vejen, energien

2022

20. Hokus pokus lille krokus
tag din lilla kjole på
Lad den svinge, lad den svaje
lad den dreje, lad den feje
vintermørket i en sæk
helt væk

Hokus pokus lille krokus
tag din gule T-shirt på
så de vinterhvide arme
fanger solens brune varme
hilser farven på en bus
fuldt blus

Hokus pokus lille krokus
rimer på et trylleord
der forvandler alle tider
så de ganske enkelt skrider
blir til mere end vi ved
evighed

Hokus pokus lille krokus
vokser på en kirkegård
venter på din konge kommer
og med store fyldte lommer
deler ud hvad han har med
sin fred

Hokus pokus alle krokus
vi skal danse, der er fest
Dans så gulvene de gynger
dans så englene de synger
'Der er himmelfest' i kor
'på jord'

2019

1. Som græs, som græs

Merete Bandak, 2021

Torsten Borbye Nielsen, 2021

2. Jordskælvssalme

Merete Bandak, 2023

Torsten Borbye Nielsen, 2023

3a. Mød mig med omsorg

Tekst: Merete Bandak, 2015

Melodi: Philip Faber, 2015

3b. Mød mig med omsorg

4. Når døden holder mig i hånd

Merete Bandak, 2023

Torsten Borbye Nielsen, 2023

5. Gud, du ser mit hjertes ruiner

6a. Bred din brune musvågevinge

tekst Merete Bandak 2016
musik Phillip Faber 2016

6b. Bred din brune musvågevinge

Merete Bandak 2016

Torsten Borbye Nielsen 2016

7. Hvor smerteligt at se og trist

Merete Bandak, 2022

Torsten Borbye Nielsen, 2023

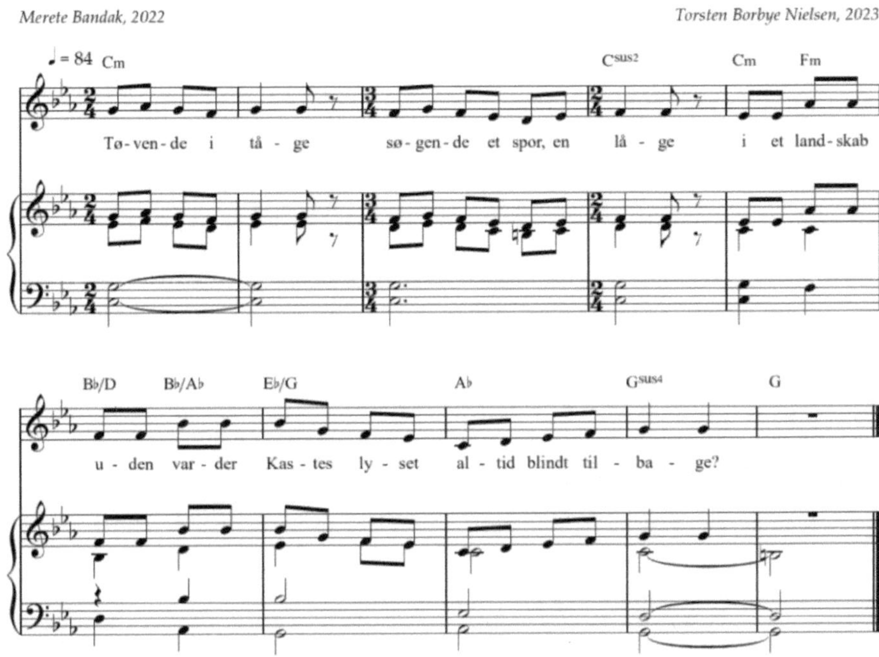

8. Gud, for at være ærlig

Merete Bandak, 2017

Torsten Borbye Nielsen, 2023

9. Smerte uden navn

Tekst: Merete Bandak

Melodi: Kristian la Cour

10. Vand mit hjerte med skærtorsdagstårer

Merete Bandak, 2021

Torsten Borbye Nielsen, 2023

11. Vejen går vi alle ene

Merete Bandak, 2012

Tørsten Borbye Nielsen, 2020

12. At du går med i sorgen

Merete Bandak, 2021

Torsten Borbye Nielsen, 2021

13. Det blad som ormen trækker ned

Merete Bandak, 2021

Torsten Borbye Nielsen, 2021

14. Mod til at tåle og vente

Merete Bandak, 2021

Kristian la Cour, 2021

15. Tænk at vide de mange frø

Merete Bandak, 2021

Torsten Borbye Nielsen, 2021

16a. Christian Svendsens salme

Merete Bandak, 2021

Kristian la Cour, 2021

16b. Christian Svendsens salme

Tekst: Merete Bandak
Musik: Judith Kristesen

17. At slippe sit greb, at være et frø

Merete Bandak, 2021

Kristian la Cour, 2021

18. Bladets brune gamle hud

Merete Bandak

Torsten Borbye Nielsen 2016

13
2.Fa - der, Søn og go - de Ånd Kraft-en i den knok - le - de hånd
3.Bog og a - gern sam-ler kraft drik-ker lyd-løst skov - bun-dens saft
4.Eng - le om Gud fa-ders stol Ind-stil him-me - rigs pa - ra - bol
17
Al - der-doms rol - la - tor Pa - ra - sol og pa - ra - ply alt det
dir - ren - de af læng - sel Un-der i de - men - te sind: træ - er
Fang de små sig - na - ler: ju - bel til vor frel-sers pris Der bliver
21
gam - le kan du for - ny Dø-dens trans - for - ma - tor
vok - ser i him-len ind spræn-ger ti - dens fæng - sel
glæ - de i pa - ra - dis sal - me-sangs-frak - ta - ler

19. Tøvende i tåge

Merete Bandak, 2022

Torsten Borbye Nielsen, 2023

20. Hokus pokus lille krokus

Tekst: Merete Bandak, 2019

Musik: Torsten Borbye Nielsen, 2019

Melodier

Torsten Borbye Nielsen, guitarist, kirkemusiker, komponist og ansat i Areopagos som præst med særligt fokus på spiritualitet, koncerter med trioen Tresafinado og det keltiske ensemble Vindens vej

Kristian La Cour, højskolelærer, Askov Højskole, visesanger og komponist af sange og salmer i Højskolesangbogen, DGI-sangbogen, 100 salmer og Kirkesangbogen

Phillip Faber, komponist og dirigent, chefdirigent for DR Pigekoret, m.m.

Judith Kristesen, organist, Sankt Severin Kirke, Haderslev

Illustrationer

Anita Goblin Rasmussen, billedkunstner, designer af alt muligt i papir, på papir, med akryl på papir og på lærred, 'Kunst skal ikke være så kompliceret', driver galleriet Goblin i Nysted

Hjemmeside og kontakt

www.nyesalmer.org - mebandak@gmail.com

Salmeoversigt

1. Som græs, som græs
2. Jordskælvssalme
3. Mød mig med omsorg
4. Når døden holder mig i hånd
5. Gud, du ser mit hjertes ruiner
6. Bred din brune måsvågevinge
7. Hvor smerteligt at se og trist
8. Gud, for at være ærlig
9. Smerte uden navn
10. Vand mit hjerte med skærtorsdagstårer
11. Vejen går vi alle ene
12. At du går med i sorgen
13. Det blad som ormen trækker ned
14. Mod til at tåle og vente
15. Tænk at vide de mange frø ...
16. Christians Svendsens salme
17. At slippe sit greb
18. Bladets brune gamle hud
19. Tøvende i tåge
20. Hokus pokus lille krokus